Dépôt légal avril 1992
Imprimé en Italie
1ère impression

VIVE LA LECTURE

l'histoire est vraie

Qui va nous garder ?

Texte :
Claude Clément

Images :
Christel Desmoinaux

FLEURUS ENFANTS

ÉDITIONS FLEURUS, 11, rue Duguay-Trouin 75006 PARIS

Papa et Maman travaillent beaucoup. Aussi ont-ils décidé de prendre chez nous une jeune fille au pair qui les aide à s'occuper de la maison, de Vincent, de Benjamin et de moi.

Une jeune fille au pair, c'est généralement une jeune fille étrangère qui ne parle pas bien le français et qui vient se perfectionner dans notre langue en vivant dans une famille où elle aide aux soins du ménage et à la garde des enfants. C'est ainsi que nous avons vu débarquer Gerda, une Allemande que l'organisme de placement avait recommandée à Maman.

Elle avait l'air très énergique, vraiment très énergique. Dès le premier jour, elle s'est mise à étendre tous les tapis de la maison sur le balcon et à taper dessus avec un balai comme s'ils lui avaient fait quelque chose et qu'elle cherchât à se venger.

Ensuite, elle a tout sorti des placards et a rangé les choses à sa façon. Ni Papa, ni Maman, ni Vincent, ni Benjamin, ni moi ne retrouvions plus rien. Trop d'ordre, c'est trop d'ordre. Il vaut mieux, quelquefois, un petit bazar bien organisé. Côté repas, elle poussait

des cris à la vue de la moindre frite, de la moindre barre de chocolat, des moindres cacahuètes et du moindre hamburger inondé de ketchup. A chaque repas, elle nous imposait des produits diététiques d'origine biologique, sans sucre, sans sauce, sans petits trucs qui craquent sous la dent. C'était peut-être bon pour la santé, mais pas très bon à manger. A Papa, qui se plaignait d'avoir perdu deux kilos dans la semaine, elle a déclaré que ça ne lui ferait pas de mal. Là, je crois qu'elle a commis une erreur. Elle aurait mieux fait de ne pas apprendre aussi vite le français et de retenir sa langue. Papa s'est mis en

colère. Il lui a dit qu'il aimait être gros. Que c'était sa liberté de citoyen majeur et vacciné et que ce n'était pas une fille de l'âge de son fils qui allait changer ni sa façon d'être ni son mode alimentaire. Gerda a paru très vexée. Deux jours après, elle avait refait son sac et quitté la maison en nous disant adieu d'un air dramatique :

— Je refuse de voir d'aussi jeunes enfants s'exposer au cholestérol, à l'hyperglycémie, au diabète et à toutes les maladies auxquelles conduit inexorablement une nourriture trop riche !

Quelques jours plus tard, nous avons vu apparaître Winnifred, une Anglaise assez ronde et joviale. Avec elle, le frigo s'emplit de façon plus satisfaisante. Ce n'étaient que crèmes renversées, gâteaux aux amandes, sandwiches à triple étage, bocaux de chocolat fondu aux noisettes, fromage à tartiner... Côté tartines, nous ne manquions de rien ! Nous en ingurgitions au

petit déjeuner, en plus des
soupières de céréales au miel,
des jus de fruits et des cookies.
Nous en ingurgitions au déjeuner,
en plus des steaks hachés, avec
des couches de pâté ou
de fromage plus épaisses que
la croûte du pain. Nous en

ingurgitions au goûter, avec du chocolat praliné. Nous en ingurgitions le soir... A tel point que nous avions le sentiment que nous n'aurions plus jamais faim d'ici notre majorité et peut-être même notre mariage. Cette fois, Papa s'est plaint d'avoir pris quelques kilos et Maman de voir le budget de nourriture prendre des proportions inquiétantes par rapport au reste des dépenses de la famille. La nuit où Maman a surpris Winnifred en train de finir un reste de choucroute et trois boîtes de fruits au sirop, en cachette, dans la cuisine, elles ont eu une explication. Le matin,

Winnifred a refait son sac et
déclaré qu’elle ne resterait pas

une minute de plus dans une maison où on mégotait sur la nourriture à donner aux enfants, surtout lorsque ceux-ci étaient en pleine croissance. Elle nous a embrassés d'un air compatissant et elle est retournée en Angleterre. C'est ainsi que nous avons vu débarquer Asuncion, une Espagnole aux yeux espiègles qui nous a fait de la paella à presque tous les repas. Nous, on aimait bien ça et on n'a rien dit. On aimait bien aussi Asuncion, qui chantait le flamenco en travaillant.

Son seul défaut, c'était de laver à grands jets d'eau les carreaux du sol, à tel point qu'on se serait crus dans une piscine et qu'on ne pouvait plus marcher sans glisser sur une bulle de savon. Asuncion se fâchait tout rouge quand on voulait se baigner dans la baignoire qu'elle venait juste de récurer et qui brillait plus que le Palais des Glaces. Quand elle venait d'astiquer un miroir, c'est tout juste si on avait le droit de se regarder dedans de peur que notre reflet ne fasse de nouvelles traces. Papa et Maman ne

trouvaient pas grand-chose à lui reprocher, bien qu'ils se soient sentis parfois un peu coincés dans l'atelier ou le bureau avec interdiction de marcher sur le tapis fraîchement shampouiné.
Les vrais problèmes ont commencé quand Asuncion a demandé la permission de recevoir

ses cousins et ses cousines, dans sa chambre, un soir par semaine.

— Vous avez de la famille à Paris ? s'étonna Maman.

— Non, mais toute ma famille de Barcelone, de Madrid et de Salamanque vient me rendre visite régulièrement.

C'est comme ça que le joyeux défilé a commencé. Un soir, nous avons vu arriver trois guitaristes et une jeune fille au corps de danseuse. Ils n'ont pas arrêté de

taper des pieds en cadence dans la chambre d'Asuncion. Nous, de l'autre côté du plafond, on trouvait ça très gai et on frappait des mains pour les accompagner. Mais Papa n'appréciait pas du tout la musique espagnole, qui lui rappelait des vacances ratées sur la Costa Brava. Et il se lamentait :

— Quelle tête nos pauvres enfants vont avoir, demain, à l'école !

Nous, c'est plutôt à sa tête à lui qu'on pensait, quand il raconterait, au bureau, la nuit qu'il avait passée.

Au bout de plusieurs séances de flamenco endiablé, Papa a craqué. Il a demandé à Asuncion si ses cousins ne voulaient pas se reconvertir dans la musique genre berceuse. Asuncion a très mal pris la chose. Elle a déclaré que

Papa ne connaissait rien à la musique populaire. Et elle a décidé qu'elle ne demeurerait pas un instant de plus dans une maison où l'on faisait aussi peu de cas de l'authenticité de sa culture espagnole.
Nous l'avons vue partir à regret, vite remplacée par Yoko, une Japonaise silencieuse et tellement polie qu'on n'arrêtait plus de se saluer en traversant la moindre pièce et jusque devant la porte des cabinets. On chuchotait au

lieu de crier, comme toute la famille le faisait d'habitude. On mangeait avec des baguettes.

Celui qui n'y arrivait pas n'osait pas le dire et s'en allait dormir le ventre à moitié vide.
Yoko surveillait aussi nos devoirs avec une précision maniaque. Elle nous faisait tout recommencer pour un point à la ligne qui n'était pas à la ligne, pour une colonne de chiffres qui n'était pas exactement droite... Alors, je ne vous dis pas, pour une tache ! Le cahier tout entier passait à la poubelle et il fallait plusieurs jours pour le recopier.

— Mon maître m'a appris que nous devons rechercher la perfection en ce monde, même si nous ne pouvons jamais l'atteindre, disait-elle.

J'ai demandé à Benjamin à quoi ça nous servait de courir derrière un truc qu'on n'atteindrait jamais.
Et il m'a répondu :
— A nous perfectionner.
Peut-être que je n'ai rien compris, mais je me suis dit que, dans la vie, moi, je me contenterais de faire des progrès en gardant tout de même quelques-unes de mes imperfections. Sinon, ma maîtresse et mes copines finiraient par ne plus me reconnaître...

Yoko était aussi une fanatique d'arts martiaux. Elle nous apprenait à nous défendre en toutes circonstances. Ça plaisait bien à Benjamin. Il n'a jamais été très costaud et le fait d'être toujours le premier de la classe lui attirait parfois des ennuis dans la cour de récréation. Cette fois, c'est plutôt Papa qui a eu des ennuis quand le collège lui a

annoncé que son fils avait
défoncé avec un cri sauvage
la porte du laboratoire de
sciences naturelles que
le professeur n'arrivait pas à
ouvrir avec sa clé.

Ce soir-là, Papa a eu une conversation infiniment polie avec Yoko, au terme de laquelle ils ne sont pas parvenus à se mettre d'accord. Papa demandait à la jeune fille au pair de se contenter de faire le ménage et de s'occuper des enfants. Mais elle prétendait ne pouvoir assumer ses responsabilités que de façon globale, comme le lui enseignait sa philosophie, c'est-à-dire qu'on ne pouvait séparer les salutations des baguettes, des chuchotements, des devoirs accomplis et des arts martiaux. A défaut de quoi elle préférait retourner au Japon. Et elle y retourna, persuadée que nous étions des êtres en voie de perdition.

Nous commencions à penser que nous n'allions jamais pouvoir être gardés et qu'il faudrait peut-être nous mettre en pension dans un établissement où il y aurait plus de punitions que de jours de congé, lorsque Lola est arrivée. C'était une Martiniquaise qui n'avait pas besoin d'apprendre le français puisqu'elle le parlait plus joliment que nous. Mais, en débarquant de l'avion qui l'avait emportée de son île, elle cherchait un travail pouvant lui permettre de poursuivre ses études. Avec elle, la maison prit un coup de soleil. Elle mettait des fleurs partout, chantait en repassant, dansait en faisant la cuisine, préparait des plats qui sentaient bon les épices.

Et en plus, elle était jolie. Jolie comme une actrice de cinéma. Comme une chanteuse à la télévision. D’ailleurs, comme par enchantement, nous avons vu réapparaître Vincent à l’heure des repas. Il restait même parfois le soir, au lieu de sortir avec ses amis. Il accompagnait les chansons de Lola à la guitare.

La vie de tous les jours ressemblait aux vacances jusqu'au moment où, cachés derrière la porte de la cuisine, Benjamin et moi avons surpris Vincent en train de demander la main de Lola.

Il voulait vraiment l'épouser et partir avec elle au bout du monde, où ils vivraient dans une cabane, de préférence sans rien faire d'autre que chanter et jouer de la guitare.
Ravis, nous nous sommes précipités pour annoncer la bonne nouvelle à nos parents. Maman s'est écriée :
— Mais Vincent est beaucoup trop jeune pour se marier ! Il n'a pas fini le lycée. Quant à Lola, elle vient à peine de débarquer et n'a pas encore de métier !
Papa a soupiré :
— Ça devait arriver !

Et ils sont partis en délégation vers la cuisine afin d'énumérer aux jeunes amoureux toutes les difficultés qui les attendaient. Mais ils n'ont pas eu besoin de le faire. Lola expliquait déjà à Vincent qu'elle avait un fiancé en Martinique et que, de toute façon, elle ne se marierait pas avant d'avoir achevé ses études de pharmacie.

Vincent était désespéré. Alors, pour le consoler, Lola lui a promis d'inviter toute la famille, chez elle, à Fort-de-France, quand elle y retournerait. Nous avons bondi dans la pièce en hurlant de joie. Et tout s'est arrangé. Nous avons gardé Lola quelques mois parmi

nous. Elle a si bien chanté en nous préparant chaque soir notre dîner qu'elle a fini par enregistrer un disque qui lui a permis d'achever ses études sans avoir beaucoup de soucis. Quant aux vacances que nous avons passées chez elle, il me faudrait encore beaucoup de temps pour les raconter et... c'est l'heure d'aller me coucher !

Les as-tu lus ?

VIVE LA LECTURE
histoire vraie
Maman est débordée
Claude Clément / Isabelle Maquet
FLEURUS ENFANTS

VIVE LA LECTURE
histoire vraie
Le professeur est en colère
Claude Clément / Christel Desmoinaux
FLEURUS ENFANTS

VIVE LA LECTURE
l'histoire est vraie
Baby-sitter de choc
Claude Clément / Christel Desmoinaux

VIVE LA LECTURE
histoire vraie
Papa fait un régime
Claude Clément / Christel Desmoinaux
FLEURUS ENFANTS

VIVE LA LECTURE
histoire vraie
Un déjeuner mouvementé
Claude Clément / Christel Desmoinaux
FLEURUS ENFANTS

VIVE LA LECTURE
l'histoire est vraie
Des vacances pas tristes
Claude Clément / Mérel

VIVE LA LECTURE
l'histoire est vraie
Drôle de plombier
Claude Clément / Christel Desmoinaux
FLEURUS ENFANTS

VIVE LA LECTURE
l'histoire est vraie
Grand-mère est un clown
Claude Clément / Gabriel Luer

VIVE LA LECTURE
l'histoire est vraie
Papa n'aime pas les chats
Claude Clément / Nadine Soubrouillard
FLEURUS ENFANTS

VIVE LA LECTURE
l'histoire est vraie
Super Mamie
Claude Clément / Gabriel Luer
FLEURUS ENFANTS

VIVE LA LECTURE
l'histoire est vraie
Génial ! l'anniversaire de Juliette
Claude Clément / Christel Desmoinaux
FLEURUS ENFANTS

VIVE LA LECTURE
l'histoire est vraie
Le chien de personne
Claude Clément / Yves Lequesne
FLEURUS ENFANTS

VIVE LA LECTURE
l'histoire est vraie
Quel malheur ! un enfant bricoleur
Claude Clément / Christel Desmoinaux
FLEURUS ENFANTS

VIVE LA LECTURE
l'histoire est vraie
Tante Lili est extra
Jacqueline Pierre / Bernadette Landais
FLEURUS ENFANTS

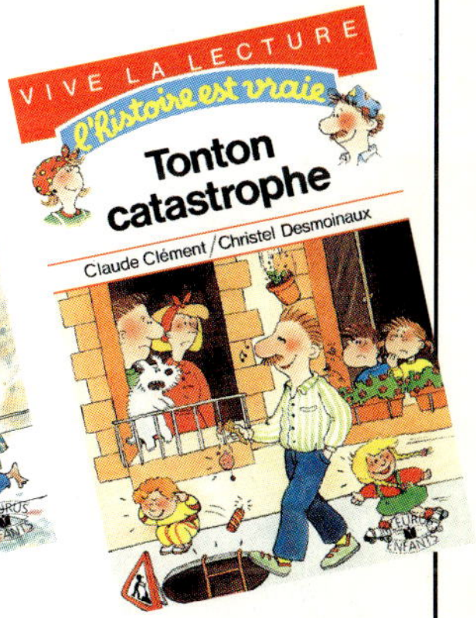
VIVE LA LECTURE
l'histoire est vraie
Tonton catastrophe
Claude Clément / Christel Desmoinaux
FLEURUS ENFANTS

VIVE LA LECTURE
l'histoire est vraie
Julia n'en rate pas une !
Claude Clément / Christel Desmoinaux
FLEURUS ENFANTS

VIVE LA LECTURE
l'histoire est vraie
Maman a peur des souris
Claude Clément / Bernadette Landais
FLEURUS ENFANTS

VIVE LA LECTURE
l'histoire est vraie
Panique dans l'ascenseur
Christel Desmoinaux
ENFANTS

Les as-tu lus ?

VIVE LA LECTURE
l'histoire est vraie
La classe de neige
Claude Clément / Gabriel Luer

VIVE LA LECTURE
l'histoire est vraie
Un Dimanche très agité
Claude Clément / Christel Desmoinaux

VIVE LA LECTURE
l'histoire est vraie
Qui va nous garder ?
Claude Clément / Christel Desmoinaux

VIVE LA LECTURE
l'histoire est vraie
Vive la colo !
Claude Clément / Christel Desmoinaux